Artwork by www.BoseCollins.co.uk
Collage photography by Patrick Fraser, Olaf Heine, Neil Gavin, Phil Knott,
Mary Ellen Matthews, Siobhan Dempsy/Latitude, Tom Guard, Steve Double and Steve Shaw.
Inside Photographs by Patrick Fraser
Archive photos courtesy of the Blount family

Arranged by Cat Hopkins & Olly Weeks
Edited by Lucy Holliday, Faber Music

ISBN-13: 978-1-4234-3426-9
ISBN-10: 1-4234-3426-9

HAL•LEONARD®
CORPORATION
7777 W. BLUEMOUND RD. P.O. BOX 13819 MILWAUKEE, WI 53213

Visit Hal Leonard Online at
www.halleonard.com

JAMES BLUNT
ALL THE LOST SOULS

5.	1973
12.	ONE OF THE BRIGHTEST STARS
16.	I'LL TAKE EVERYTHING
20.	SAME MISTAKE
28.	CARRY YOU HOME
35.	GIVE ME SOME LOVE
41.	I REALLY WANT YOU
47.	SHINE ON
56.	ANNIE
62.	I CAN'T HEAR THE MUSIC

1973

Words and Music by James Blunt and Mark Batson

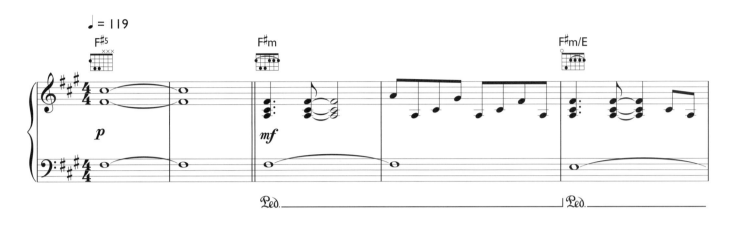

___ you_ up ev-'ry Sat-ur-day_ night, and we'd both__ stay_ out till the morn - ing light, and we sang,

___ "Here__ we go__ a - gain."__ And though time_

___ goes_ by, I will al - ways be in a club__ with_ you__ in nine - teen - sev - en - ty__ three,

sing-ing, "Here__ we go__ a - gain."__ 2. Sim -

To Coda

(sing 1° only)

goes_ by I will al - ways_ be in a club_ with_ you_ in nine - teen sev - en - ty - three,

sing- ing: "Here___ we go___ a - gain."___ I would call

And though time___ goes_ by I will al - ways_ be in a club

ONE OF THE BRIGHTEST STARS

Words and Music by James Blunt and Steve McEwan

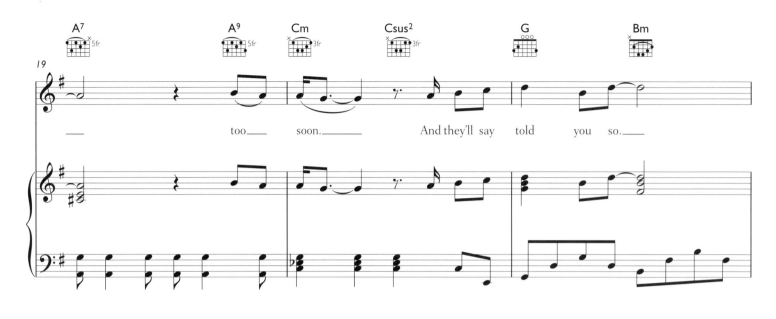

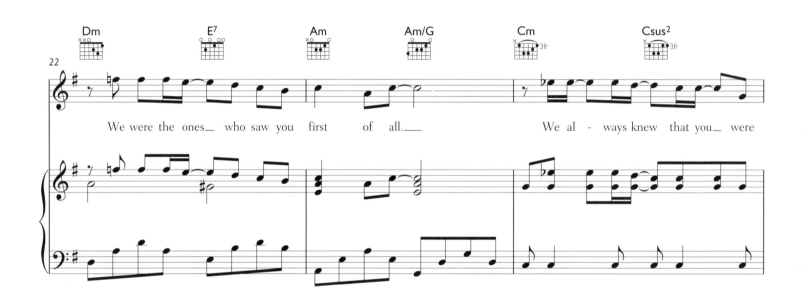

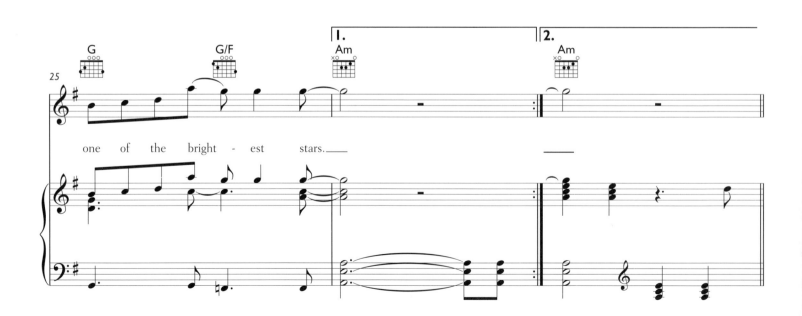

I'LL TAKE EVERYTHING

Words and Music by James Blunt and Eg White

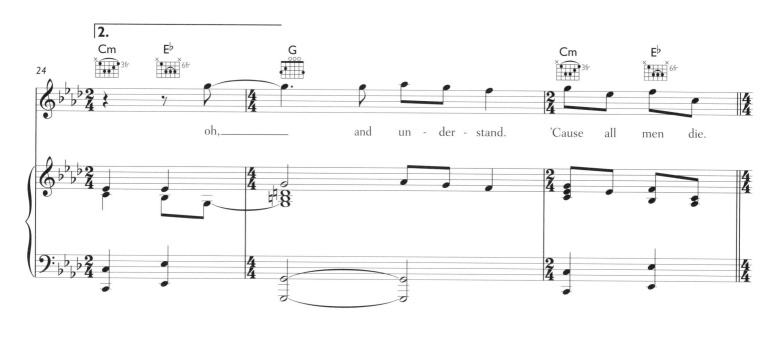

oh,_____ and un-der-stand. 'Cause all men die.

('Cause all men die.) ('Cause all men die.) 'Cause all men die._____

D.%. al Coda

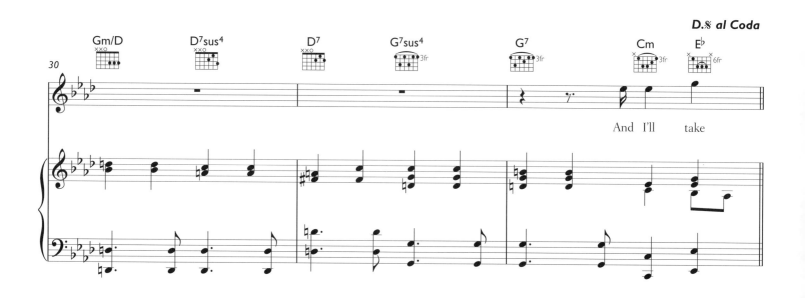

And I'll take

SAME MISTAKE

Words and Music by James Blunt

CARRY YOU HOME

Words and Music by James Blunt and Max Martin

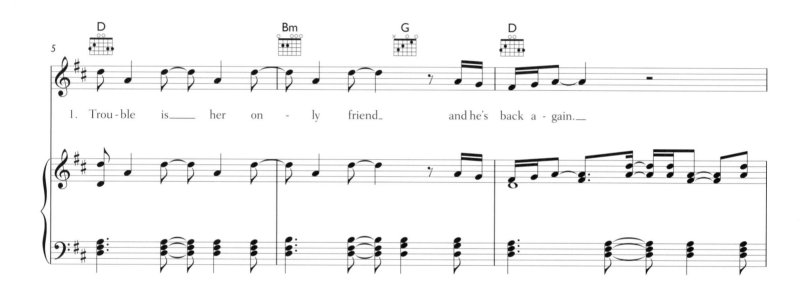

1. Trou-ble is___ her on - ly friend___ and he's back a - gain.___

Makes her bo - dy ol - der than it real-

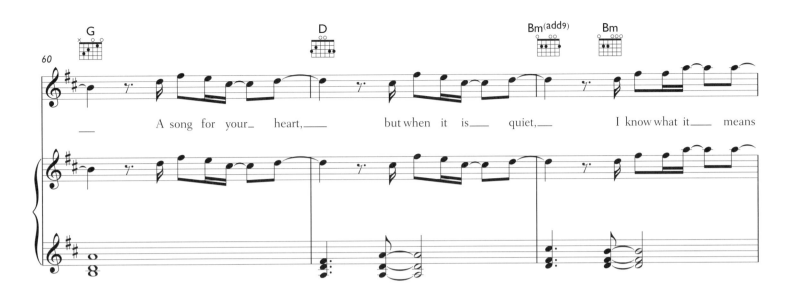

A song for your_ heart,_____ but when it is_ quiet,_____ I know what it_ means

_ and I'll car-ry you_ home._____ As strong as you_ were,_____ ten-der you_ go._

_ I'm watch-ing you_ breath - ing for the last_ time._ A song for your_ heart,_

GIVE ME SOME LOVE

Words and Music by James Blunt

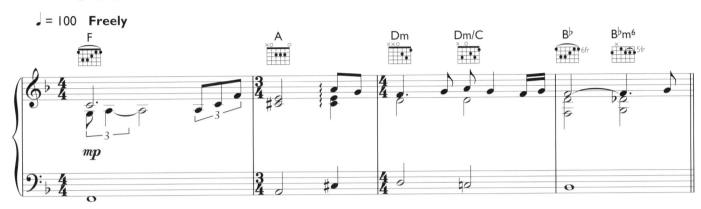

1. Me and my gui-tar play my way. It makes them frown.

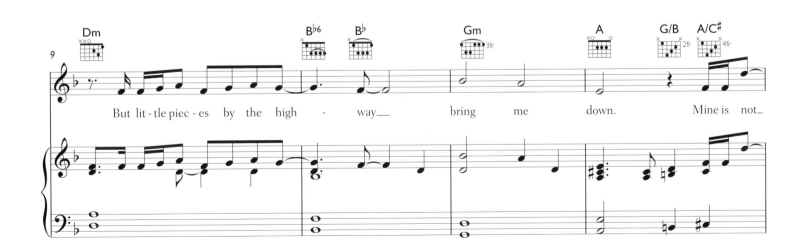

But lit-tle piec-es by the high-way____ bring me down. Mine is not____

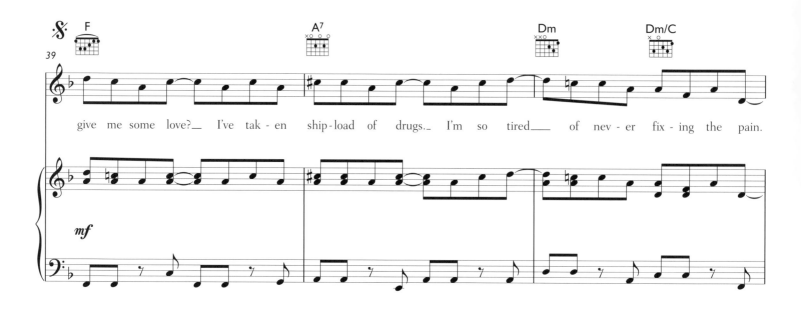

give me some love?__ I've tak-en ship-load of drugs.__ I'm so tired__ of nev-er fix-ing the pain.

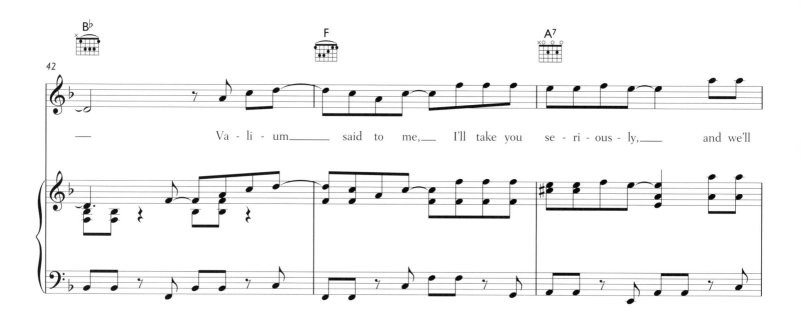

__ Va-li-um__ said to me,__ I'll take you se-ri-ous-ly,__ and we'll

To Coda ⊕

come back as some-one else,__ who's bet-ter than your - self.

I know that some day soon we'll all be gone_ so let it all out.

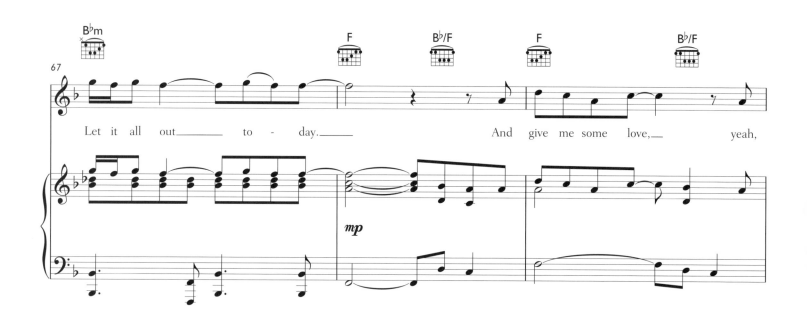

Let it all out_____ to - day._____ And give me some love,_ yeah,

mp

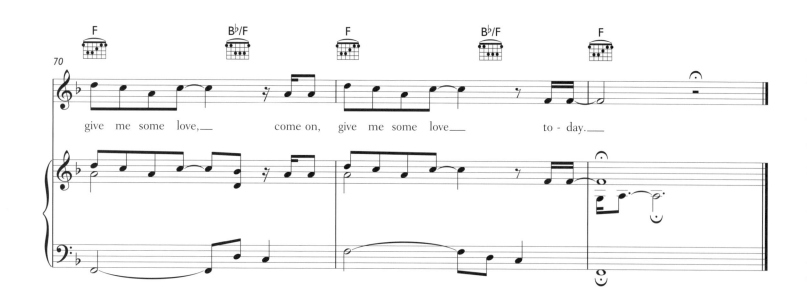

give me some love,_ come on, give me some love_ to - day._

I REALLY WANT YOU

Words and Music by James Blunt

♩ = 120 **Rhythmically**

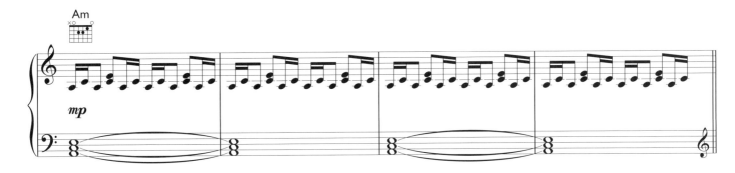

1. Ma-ny pro - phets preach on bend-ed knee.__ Ma-ny cle - rics wast-

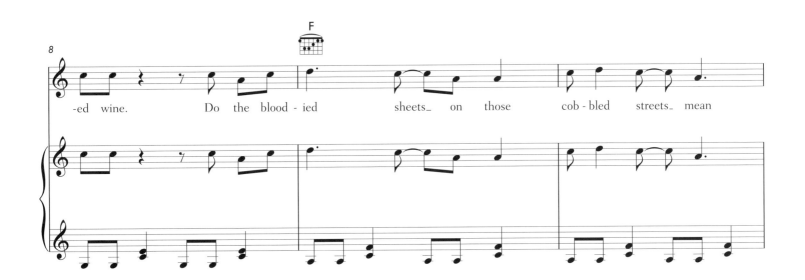

-ed wine. Do the blood-ied sheets__ on those cob-bled streets__ mean

D.%. al Coda

be - gin___ and the ship___ we're in___ and his - to - ry un - fold.___ I

Coda

No mat - ter what I say or do,___ the mes-

- sage is - n't get - ting through,___ and you're list - 'ning to the sound

Repeat x4 to fade

of my break-ing heart.___

mp

SHINE ON

Words and Music by James Blunt

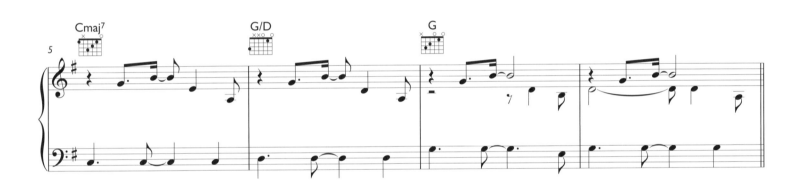

1. Are they call-ing for   our__ last dance?__

just, shine on!___ Close your eyes___ and they'll all___ be gone.___

___ They can scream___ and shout___ that they've been___ sold___ out, but it paid___

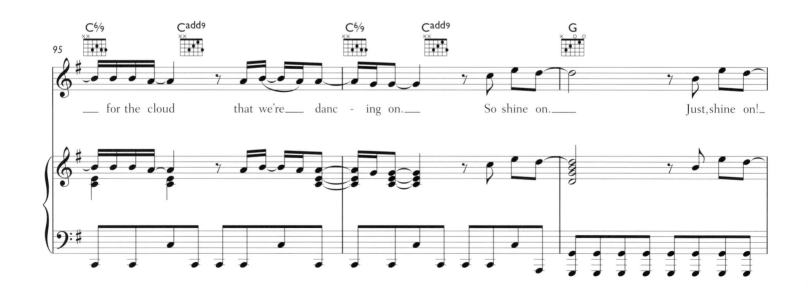

___ for the cloud that we're___ danc - ing on.___ So shine on.___ Just, shine on!___

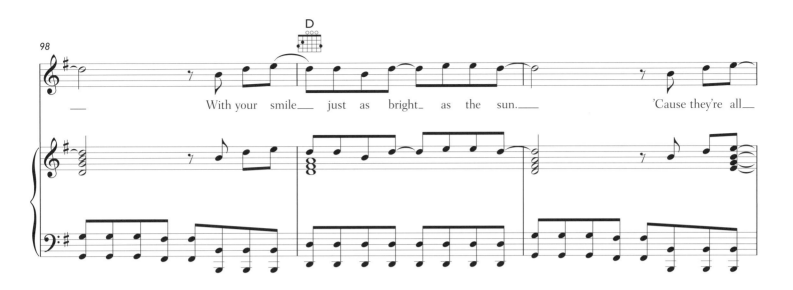

With your smile__ just as bright__ as the sun.__ 'Cause they're all__

__ just slaves to the gods__ they__ made but you__ and I__ just shone.__

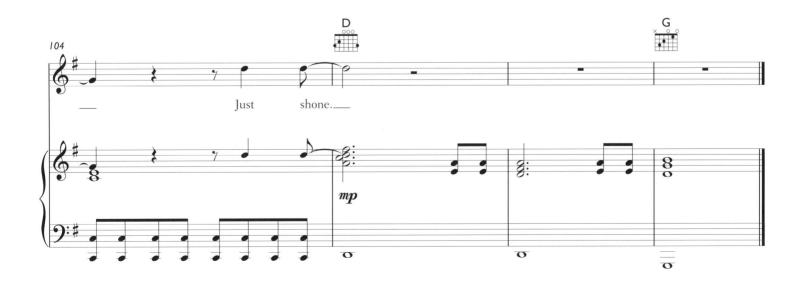

Just shone.__

ANNIE

Words and Music by James Blunt and Jimmy Hogarth

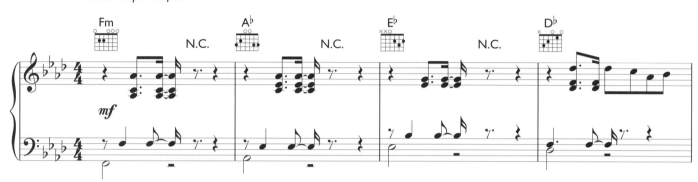

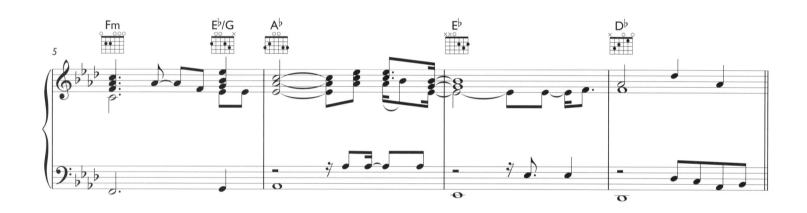

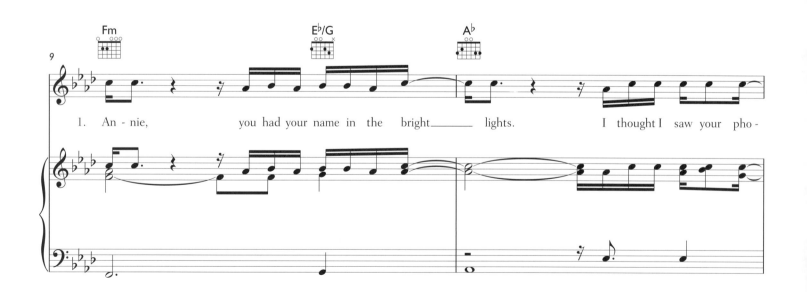

1. An - nie, you had your name in the bright_____ lights. I thought I saw your pho-

star,   that's just not   go-ing ve-ry far.   And all___ the world__ will know your__ name,

___ and you'll be fa - mous   as you are___   'cause I'll   sing   for you.___

2. An-nie,   would it be nice to be re - cog-nised?   And did you prac-tise your au-

I CAN'T HEAR THE MUSIC

Words and Music by James Blunt

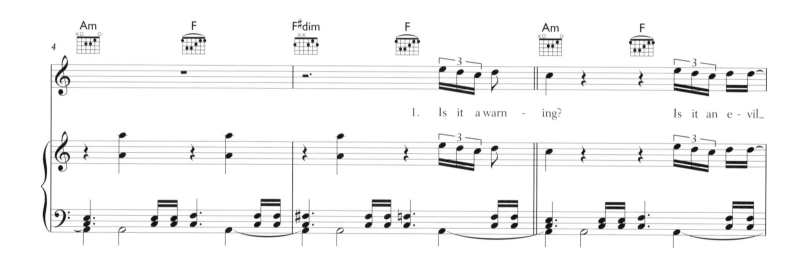

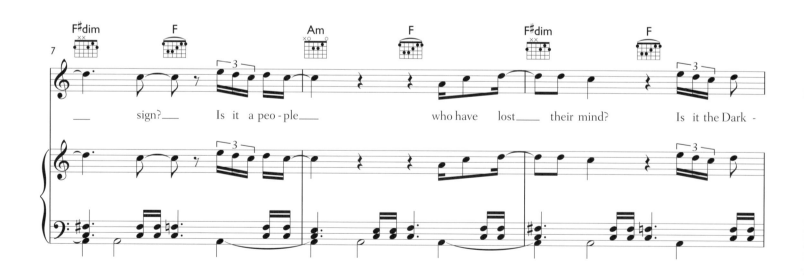